RAPPORT

SUR LE CONCOURS DU MANUEL THÉORIQUE ET PRATIQUE

DE LA CULTURE MARAICHÈRE

DES ENVIRONS DE PARIS.

SOCIÉTÉ ROYALE ET CENTRALE D'AGRICULTURE.

RAPPORT

FAIT

par M. le Vᵗᵉ HÉRICART DE THURY,

SUR LE CONCOURS

DU MANUEL THÉORIQUE ET PRATIQUE

DE LA

CULTURE MARAICHÈRE

DES ENVIRONS DE PARIS,

DANS LA SÉANCE PUBLIQUE DU DIMANCHE 14 AVRIL 1844.

———

Messieurs,

Dans votre séance publique du 23 avril 1843, M. le ministre de l'agriculture et du commerce a, sur votre proposition, prorogé le concours du prix de 1,500 fr. qu'il avait fondé pour le meilleur manuel pratique de la culture maraîchère, sous la condition que les concurrents s'astreindraient, dans leur travail, aux conditions et obligations d'un programme qui serait rédigé par une commission spéciale.

1844

Ce programme, que vous avez approuvé dans votre séance du 5 juillet suivant, était divisé en douze chapitres, dont nous croyons nécessaire de rappeler les titres pour faire voir tout ce qui était exigé des concurrents.

Chapitre Iᵉʳ. Histoire sommaire de la culture maraîchère de Paris.

Chapitre II. Statistique et économie horticole.

Chapitre III. Des terres et de tout ce qui se rapporte au sol.

Chapitre IV. Des expositions et des situations locales.

Chapitre V. Des substances améliorantes, employées comme engrais, amendements et stimulants.

Chapitre VI. Des eaux pour les arrosements.

Chapitre VII. Des outils, instruments et machines.

Chapitre VIII. Des opérations de la culture maraîchère.

Chapitre IX. Habitudes et manière d'être des maraîchers de Paris.

Chapitre X. Indication, avec simple description des plantes qui entretiennent les mouvements de la culture maraîchère et qui fondent la production légumière.

Chapitre XI. Altération des cultures par les insectes et par toute autre cause.

Chapitre XII. Calendrier du maraîcher, commençant au mois d'août et finissant au mois d'août suivant.

Dans chacun de ces chapitres, la commission avait indiqué aux concurrents, par autant de sous-titres, les divers sujets ou motifs qu'ils devaient traiter.

Enfin les dispositions générales portaient

1° Que le prix serait décerné à l'auteur du meilleur traité qui satisferait aux conditions du programme;

2° Qu'une ou deux médailles en or et en argent seraient accordées aux auteurs qui se rapprocheraient le plus des prescriptions du programme, en s'arrêtant plus spécialement aux parties pratiques, à la description des procédés employés pour obtenir cette belle production légumière qui garnit les marchés de la capitale et qui satisfait aux nombreux besoins de la consommation journalière pendant toute l'année, sans aucune interruption, quelle que soit la saison;

3° Que les concurrents auraient la faculté de modifier l'ordre des matières tracé dans la division des chapitres du programme, s'ils le jugeaient nécessaire, pour éviter des répétitions;

4° Qu'il serait accordé aux concurrents jusqu'au 1er janvier 1844 pour déposer leur travail;

Et 5° que les mémoires envoyés ne seraient pas signés, mais qu'ils porteraient une épigraphe qui serait répétée dans un billet cacheté contenant le nom et l'adresse de l'auteur.

Des observations vous ont été adressées sur le retard qu'a éprouvé la publication de ce programme, retard faisant craindre, aux concurrents qui voulaient se présenter, de n'avoir plus assez de temps pour répondre à toutes les questions à traiter, et, sur ces observations, vous avez fixé le terme de la remise des mémoires au 1er mars au lieu du 1er janvier, terme ordinaire de vos concours. Ce délai a probablement encore été trouvé trop court; car deux mémoires seulement vous ont été adressés.

L'un a été déposé sur le bureau dans la séance du mercredi 21 février ;

L'autre, présenté à votre agent archiviste les derniers jours de février, fut remporté par l'auteur, qui ne l'a remis qu'à la séance du mercredi 6 mars.

Conformément aux conditions du programme, qui avait fixé le *terme de rigueur* pour la remise des mémoires au 1er mars, vous vous êtes trouvés dans l'impossibilité d'admettre ce second mémoire au concours ; vous avez chargé votre secrétaire d'en exprimer vos regrets à l'auteur, et de lui annoncer que ses droits lui seraient réservés, s'il voulait se représenter, dans le cas où le concours serait prorogé.

Dans cet état de choses, votre commission, Messieurs, n'a plus eu à s'occuper que du premier mémoire seulement.

Ce mémoire, intitulé, *Manuel pratique de la culture maraîchère,* forme un volume in-folio de 214 pages ; il porte pour épigraphe ces vers de la Fontaine :

> Travaillez, prenez de la peine,
> C'est le fonds qui manque le moins.

avec un billet cacheté.

Malgré la faculté que laissait le programme aux concurrents de faire tels changements qu'ils jugeraient convenables à la division du manuel en douze chapitres, MM. Daverne et Moreau, jardiniers-maraîchers praticiens, reconnus auteurs de ce manuel à l'ouverture du billet cacheté, ont suivi la division établie par la commission : seulement ils y ont ajouté un chapitre sur la récolte et la conservation des graines, qu'ils croyaient probablement oubliées dans le programme, mais qui trouvaient naturellement leur place dans le chapitre XII des travaux mensuels du calendrier du maraîcher.

Leur manuel, remarquable sous le point de vue technique, est plein de faits nouveaux, de pratiques intéressantes, la plupart inconnues. C'est indubitablement l'ouvrage de praticiens consommés qui ont beaucoup travaillé, beaucoup observé, qui ont souvent perdu ou manqué de récolter, mais qui ont toujours persévéré. Il n'y avait réellement que de vrais maraîchers qui pussent dicter, qui pussent aussi bien décrire la pratique de leur culture, de cette culture sur laquelle nous n'avons encore aucun ouvrage, quelque nombreux que soient, d'ailleurs, les traités et les livres de jardinage, qui parlent bien de la culture potagère, mais qui ne font nullement connaître la culture maraîchère de Paris, dont vous demandez depuis si longtemps un manuel pratique.

Celui qui vous est présenté, Messieurs, prouve, de la part des auteurs, une connaissance profonde, une pratique sûre et éclairée de la profession du maraîcher; ils ont cherché à la décrire dans le plus grand détail; ils ont dit tout ce qu'ils savaient, tout ce qu'ils font journellement; ils ont parlé de leurs procédés de culture comme un père qui écrirait pour ses enfants ; ils l'ont fait avec franchise, avec le plus entier abandon, sans rien céler, rien dissimuler ; nous dirons même qu'ils ont écrit avec un certain entraînement que nous ne saurions trop approuver, parce qu'il prouve, chez les auteurs, le sentiment et l'amour de leur état, ainsi que vous pourrez en juger par l'histoire sommaire qu'ils ont faite de la culture maraîchère à Paris, il y a cinquante ans, et par le tableau qu'ils font de la manière d'être, des mœurs et des habitudes actuelles du maraîcher de Paris que vous leur demandiez et dont nous croyons devoir vous donner ici un extrait pour vous mettre à même de les apprécier.

« Parler des jardiniers-maraîchers, disent-ils, c'est parler de nous-mêmes; or il est assez difficile de parler de soi quand on a du bien et beaucoup de bien à en dire; cependant, la nature de cet ouvrage nous obligeant à dire les habitudes et les mœurs des maraîchers, nous allons les dire franchement, en nous effaçant personnellement autant qu'il nous sera possible.

« Les maraîchers de Paris forment la classe de travailleurs la plus laborieuse, la plus constante, la plus paisible de toutes celles qui existent dans la capitale. Quelque dur, quelque pénible que soit son état, on ne voit jamais le maraîcher le quitter pour en prendre un autre. Les fils d'un maraîcher s'accoutument au travail, sous les yeux et à l'exemple de leur père, et presque tous s'établissent maraîchers. Les filles se marient rarement à un homme d'une autre profession que celle de leur père.

« Quoique le métier soit très-dur, le maraîcher s'y attache; quelque multipliées que soient ses fatigues et ses veilles, elles ne lui paraissent jamais trop pénibles, quand même l'inclémence des saisons vient contrarier ses projets, il se flatte d'être plus heureux une autre fois : il ne désespère jamais de la Providence.

« Nous sommes persuadés même que c'est à la confiance qu'ils ont en la Providence, que les maraîchers de Paris doivent la tranquillité, le bon accord qui existent parmi eux. Les ressorts qui font remuer les passions chez les autres hommes leur sont inconnus; leur seule ambition, à eux, est de chercher les moyens d'arriver les premiers à porter des primeurs à la halle : une telle ambition ne troublera certainement jamais la sûreté publique.....

« Il s'en faut de beaucoup que la classe maraîchère reste routinière et stationnaire, comme on le croit généralement. Les maraîchers suivent les progrès, les perfectionnements du siècle; leur bien-être, leur aisance s'augmentent en raison de l'étendue de leur intelligence et de la justesse de leur raisonnement.

« Il y a à peine quarante ans, les maraîchers étaient mal logés, mal vêtus; ils se nourrissaient mal, ils portaient, presque tous, sur leur dos, les légumes à la halle; ils tiraient l'eau de leur puits à la corde et à force de bras. Aujourd'hui les maraîchers sont mieux vêtus, ils se nourrissent mieux, ils ont, presque tous, un cheval et une voiture pour mener les légumes à la halle et amener les fumiers; au lieu de tirer l'eau à force de bras, les maraîchers ont généralement un manége ou une pompe qui fournit de l'eau en abondance.

« Mais si le maraîcher a amélioré son existence, s'il se nourrit mieux, s'il est mieux vêtu qu'autrefois, si même il est devenu propriétaire de son marais, c'est qu'il travaille plus, qu'il travaille mieux, et surtout avec plus d'intelligence qu'autrefois. Le maraîcher, en effet, pendant sept mois de l'année, travaille dix-huit et vingt heures sur vingt-quatre, et, pendant les cinq autres mois, ceux d'hiver, il travaille quatorze et seize heures par jour, et, bien souvent encore, il se lève la nuit pour interroger son thermomètre, pour doubler les couvertures des cloches et des châssis qui renferment ses plus chères espérances, son avenir, qu'un degré de gelée peut anéantir.

« Depuis vingt et trente ans, l'intelligence des maraîchers s'est particulièrement portée vers les moyens de forcer la nature à produire, au milieu de l'hiver, au milieu des frimas, ce que, dans sa marche ordinaire, elle ne produit que dans les beaux jours du printemps ou de l'été, et c'est en cela que la science des maraîchers de Paris est devenue véritablement étonnante. Dès le mois de décembre, et souvent dès novembre, ils fournissent à la consommation des asperges blanches et presque toute l'année des asperges vertes; en janvier, des laitues pommées en abondance; en février, des romaines; en mars, des carottes nouvelles, des raves, des radis et du cerfeuil nouveau, des fraises, etc.; en avril, des tomates, des haricots, des melons, etc., etc.

« Avant l'introduction des cultures forcées dans les marais de Paris, la classe maraîchère, toujours respectable d'ailleurs par son utilité et la pureté de ses mœurs, ne jouissait que d'une faible considération : un maraîcher alors n'était guère recherché en dehors de sa classe, aujourd'hui il n'en est plus ainsi : le maraîcher qui a la réputation d'être habile dans la culture des primeurs voit souvent un équipage à sa porte et des personnes considérables par leur rang et leur fortune en descendre pour causer avec lui, considérer son travail, étudier auprès de lui la pratique, et lui demander des avis ou des renseignements pour les transmettre à leur jardinier.

« Nous nous abstenons ici de développer ce que la classe maraîchère doit gagner à ces communications, nous nous bornons à désirer qu'elles deviennent de plus en plus fréquentes.

« Un établissement maraîcher, comme beaucoup d'autres, ne peut guère prospérer sans femme : si l'homme cultive le marais et le fait produire, la femme seule sait tirer parti de ses productions; aussi un jeune maraîcher qui cherche à s'établir commence-t-il par se marier. L'un reçoit le titre de maître, l'autre celui de maîtresse. S'ils ne reçoivent pas en dot un marais tout monté, les commencements sont durs pour l'un et pour l'autre; car, quelle que soit l'exiguïté d'un marais, les premières dépenses sont considérables : il faut qu'ils prennent des gens à gages, il faut les nourrir et les coucher, ce qui n'exempte pas le maître et la maîtresse d'être les premiers et les derniers à l'ouvrage; il faut qu'ils se montent en coffres, châssis, cloches, il faut enfin faire un amas considérable de fumier, et ce n'est que quand ils ont tout cela à discrétion et sous la main que nos jeunes maraîchers peuvent travailler avec l'espoir de quelque profit. Mais l'amour du travail est tellement inhérent à la classe maraîchère et le travail lui-même, quoique violent et prolongé, est apparemment si salutaire, qu'on voit rarement un jeune établissement ne pas prospérer.

« Le maître maraîcher est toujours à la tête de ses garçons et la maîtresse à la tête de ses femmes de journée : tandis que les hommes labourent, plantent, arrosent, font des couches, placent des cloches, des châssis, les femmes sont dans une activité continuelle; elles esherbent, elles cueillent l'oseille, le cerfeuil, les épinards. les mâches, elles arrachent les laitues, elles lient les romaines, etc.

« Si leur part dans un marais semble moins pénible que celle des hommes, elle est peut-être bien moins saine; car les femmes sont, pour leurs travaux, une partie de la journée, à genoux ou à moitié couchées sur la terre souvent humide, et il en résulte fréquemment pour elles des fraîcheurs plus ou moins douloureuses.

« Dans les soirées, tandis que les hommes travaillent dehors encore bien avant dans la nuit, les femmes préparent et montent les voies, les hottes, les mannes et les mannettes pour la halle du lendemain. C'est ici, c'est dans la préparation et l'arrangement des légumes, ainsi que vous avez pu souvent le remarquer, que le goût et l'adresse de la maîtresse se montrent supérieurs au goût et à l'adresse du maître.

« Le lendemain, à deux heures du matin, en été, à quatre heures, en hiver, tout le monde est debout : la maîtresse part pour la halle avec sa voiture de marchandises, aidée de la fille ou d'un garçon. Si c'est dans le temps où certains légumes sont abondants, comme les choux-fleurs, les melons ou autres; dans la même nuit on lui en renvoie une ou deux autres voitures.

« C'est à la femme que sont confiés les intérêts de la vente : par la même raison, tout l'argent des ventes, pendant toute l'année, passe nécessairement par ses mains. Il faut donc, pour que l'établissement prospère, que le maraîcher ait une entière confiance en sa femme et que celle-ci n'en abuse jamais. La simplicité, la pureté des mœurs de la classe maraîchère, le désir constant de faire honorablement ses affaires, sont un garant suffisant contre tout ce qui pourrait troubler l'harmonie du ménage. »

Vous voudrez bien, Messieurs, excuser ces détails ; mais nous les avons trouvés, nous l'avouons, si intéressants en eux-mêmes, que nous avons cru devoir vous en donner connaissance, pour vous faire mieux apprécier nos bons et laborieux maraîchers. D'ailleurs, c'est à votre demande que nos auteurs ont essayé de décrire les mœurs et les habitudes des maraîchers, et ils l'ont fait d'une manière si simple, si naïve et si naturelle, que, si toutefois ce n'est pas abuser de votre patience, nous nous permettrons de vous en citer encore quelques traits non moins dignes de votre intérêt.

« Nos maraîchers font tous donner l'éducation primaire et les principes de la religion à leurs enfants : dès qu'ils peuvent manier la bêche, les enfants alternent l'étude avec le travail ; à l'âge de douze ans, le père, pour les encourager, leur abandonne un coin de terre où ils cultivent pour eux ce qui leur paraît le plus profitable. Là ils font usage de leur jeune expérience, ils s'aident de ce qu'ils ont vu faire et de ce qu'ils ont fait eux-mêmes pour le compte de leur père, et comme, pendant que leur plantation croît et grandit, ils entendent toujours parler d'économie par leur père et leur mère, ils s'accoutument à ne pas dépenser inutilement le produit de la vente de leur petite culture, et c'est ainsi qu'aujourd'hui beaucoup d'enfants de marai-

chers, de l'âge de treize à quinze ans, ont déjà des économies placées à la caisse d'épargne.

« Dans un établissement maraîcher, tout le monde se
levant avant le jour, on mange à sept heures du matin,
en travaillant ; on déjeune à dix heures ; on dîne à deux
heures ; on soupe de huit à dix heures du soir, selon les
saisons. Le maître et la maîtresse, les enfants, la fille et
les garçons à gages mangent ensemble à la même table.
Le respect et la décence y sont rigoureusement obser-
vés ; jamais on ne profère aucun propos équivoque ou
inconvenant devant les enfants ; aussi les garçons con-
tractent-ils l'habitude d'être réservés dans leurs paroles
et s'abstiennent-ils des excès que l'on blâme avec raison
chez les ouvriers des autres classes. Le maître ne prend
jamais un ton de hauteur sur ses garçons, il se rappelle
qu'il a été garçon lui-même. Son autorité ne se fait remarquer que dans la direction des travaux et pour que
chaque chose soit faite à propos.

« Nous ne connaissons pas de rivalité jalouse ; nous
ne connaissons qu'une vive, une louable émulation
parmi nos maraîchers de Paris ; tous se portent entre
eux un véritable intérêt, une amitié franche.

« Trop nombreux pour se réunir tous ensemble,
chaque année, pour fêter leur patron *saint Fiacre*, ils
se divisent en plusieurs confréries. Au moyen d'une
cotisation, chaque confrérie fait orner et décorer son
église. Le parfum des fleurs s'y mêle à celui de l'en-
cens. On chante une messe en musique ; le prêtre ap-
pelle les bénédictions du ciel sur les travaux des jardiniers.

« Ce jour-là, les maraîchers, leurs femmes, leurs enfants se permettent un peu de recherche dans leur tenue:
les hommes sont en habit, les femmes mettent leur plus
belle parure. Un étranger qui se trouverait à ces céré-
monies religieuses aurait de la peine à se croire au milieu de jardiniers et de jardinières. Il est vrai qu'ils
ont soin de choisir, pour quêteuses et pour présenter
les pains bénits, les plus jolies jardinières, et que, ce
jour-là, nos maraîchers ne négligent rien pour leur
toilette.

« Après la cérémonie de l'église, chaque confrérie se
réunit à un banquet, souvent suivi d'un bal, mais qui
cesse aussitôt l'heure du départ pour la halle.

« Une gaieté franche préside toujours à ces fêtes; on
n'y voit jamais aucun désordre, aucun excès : les jardiniers nomment entre eux des commissaires pour
veiller au bon ordre, et rarement ces commissaires ont
besoin de faire usage de leurs pouvoirs. »

Un dernier mot sur la classe maraîchère de Paris.

« Jamais on ne voit ni vieux maraîchers ni vieilles
maraîchères avoir recours à la charité publique, comme
on en voit tant d'exemples dans beaucoup d'autres
classes. Ce n'est pas, cependant, que tous les maraîchers et maraîchères puissent se mettre à l'abri des be-
soins sur leurs vieux jours; mais ils sont tellement
accoutumés à travailler, qu'ils ne conçoivent pas qu'on
puisse vivre autrement que par le travail : ainsi ceux
qui n'ont pu faire d'économies, qui n'ont pas de
famille ou qui ont éprouvé des malheurs, et qui n'en
éprouve ou n'en a éprouvé dans la vie! vont, pour un

faible salaire, offrir leurs services à leurs confrères plus heureux, et ceux-ci, toujours, vont au-devant d'eux et se font un devoir de les recueillir chez eux et de les occuper selon leurs forces. »

Tels sont, Messieurs, tels sont les mœurs, les usages et les habitudes de nos maraîchers. Maintenant vous connaissez leur vie, vous savez si elle est active, si elle est pleine, laborieuse, souvent pénible et souvent même bien dure; mais vous savez aussi combien leur vie est calme, combien elle est paisible, exemplaire, toute pa-ternelle et patriarcale.

Honneur et bonheur soient donc toujours à ces bons et infatigables maraîchers qui, par leurs travaux, par leurs soins, leurs veilles et leurs fatigues, pourvoient, en toutes saisons, aux exigences journalières, aux be-soins incessants de l'immense et incalculable consom-mation de cette grande ville.

Mais revenons à notre *Manuel pratique de la culture maraîchère.*

Ce manuel, vraiment remarquable par tout ce qu'il contient comme par tout ce qu'il nous apprend, tout en paraissant bien ordonné par sa division, celle de votre programme, n'est malheureusement pas sans quel-ques défauts, probablement par suite du trop peu de temps accordé aux auteurs pour un concours d'une aussi haute importance.

Ainsi il est écrit avec une extrême précipitation, qui laisse souvent beaucoup à désirer sous le rapport de l'ordre dans les détails comme sous celui de la ré-daction.

Il présente de fréquentes répétitions, et beaucoup sans être aucunement motivées.

Il faut chercher dans divers chapitres des matières qui appartiennent au même sujet, tandis qu'au contraire on trouve souvent réunis dans le même chapitre des objets qui n'ont aucun rapport entre eux, et qu'il faudrait classer dans trois ou quatre chapitres différents.

Enfin nous avons reconnu plusieurs omissions parmi lesquelles il en est d'assez graves, que nous devons particulièrement signaler pour que les auteurs puissent les réparer et compléter leur manuel : ainsi la culture maraîchère de plein champ, faite à la porte de Paris, sur la plus grande échelle; ainsi le procédé de la garniture ou de la culture complexe du marais, culture qui permet de faire successivement, sur le même terrain et les unes après les autres, trois et quatre récoltes dans la même année ; ainsi la description de l'admirable entente des saisons jardinières, chose si difficile et si importante à publier, et plusieurs autres non moins importantes que le défaut de temps n'a probablement pas permis aux auteurs de décrire.

Nous ne savons trop pourquoi ces habiles praticiens, qui paraissent si bien connaître les progrès de la culture maraîchère et avoir souvent perfectionné leurs procédés par l'application des moyens et des connaissances de la théorie, ont consigné dans leur manuel quelques vieilles opinions erronées auxquelles les jardiniers eux-mêmes ne croient plus, et pourquoi ils ont parlé de sujets entièrement étrangers à la culture maraîchère, qui n'ont aucun rapport, aucune influence sur elle.

Enfin nous avons été également étonné, lorsque le programme ne demandait que les simples noms des légumes et des plantes potagères dans le langage vulgaire des maraîchers, nous avons été étonné de voir les auteurs du manuel parler botaniquement des familles, des tribus, des genres, des sections, etc., etc., langage un peu trop scientifique et prétentieux pour des maraîchers, mais qui prouve, au reste, de la part de ceux-ci, des connaissances supérieures et dont nous ne pouvons que les féliciter.

CONCLUSIONS.

En résumé, et malgré les observations peut-être un peu sévères que nous venons de vous soumettre sur ce *Manuel pratique de la culture maraîchère*, dont nous regrettons de ne pouvoir vous présenter une analyse raisonnée, mais qui, dans l'état où il vous a été présenté, ne nous paraît pas pouvoir être livré à l'impression, les auteurs n'ayant probablement pas eu le temps de le revoir et d'y mettre la dernière main,

Nous pensons, 1° que ce manuel est un bon, un excellent travail, sous le point de vue principal, celui de la pratique, que les détails en sont généralement bien compris et parfaitement exposés, que c'est l'œuvre de praticiens consommés et éclairés, que, s'il ne remplit pas entièrement les conditions de votre programme, il répond du moins à la plus grande partie de ses prescriptions, qu'un tel travail mérite, à tous égards, votre

attention, et qu'il fait le plus grand honneur aux auteurs ;

2° Qu'il n'y a pas lieu à décerner, cette année, le
prix fondé par M. le ministre de l'agriculture et du
commerce pour le *Manuel pratique de la culture maraîchère ;*

3° Qu'il convient de demander à M. le ministre de
vouloir bien proroger le concours jusqu'au 1er janvier 1845, sous les conditions du programme, auquel
il ne sera rien changé ;

Et 4° que MM. Daverne, horticulteur-maraîcher, à la
Grande-Villette, et Moreau, horticulteur-maraîcher, à
Paris, rue de Charonne, n° 80, ont droit aux deux médailles d'or de 500 fr., promises par l'article 2 du programme, en faveur des auteurs qui se rapprocheraient
le plus de ses prescriptions.

La Société royale et centrale d'agriculture, ouï le
rapport de sa commission de la culture maraîchère,
adoptant ses conclusions, décide

1° Qu'elle décerne à M. Daverne, maraîcher, à la
Villette, et à M. Moreau, maraîcher, à Paris, rue de
Charonne, à chacun la grande médaille d'or de 500 fr. ;

2° Que leur *Manuel pratique de la culture maraîchère
de Paris* sera imprimé, après rédaction définitive, dans
le recueil de ses *Mémoires*, comme celui de la culture
maraîchère du Midi, qui a obtenu la même distinction
au dernier concours ;

Et 3° que M. le ministre de l'agriculture et du commerce sera prié de vouloir bien proroger à l'année prochaine le concours, aux clauses et conditions du programme, qui sera rendu général pour toute la France.

Paris, 14 avril 1844.

Les président   *et vice-président,*

Cᵗᵉ DE GASPARIN,   Vᵗᵉ HÉRICART DE THURY.

Les secrétaire   *et vice-secrétaire,*

O. LECLERC-THOUIN,   PAYEN.

Vu et approuvé en la séance publique du dimanche 14 avril 1844.

Le ministre de l'agriculture et du commerce, présidant,

CUNIN-GRIDAINE.

Paris. — Imprimerie de Mᵉ Vᵉ BOUCHARD-HUZARD,
rue de l'Éperon, 7.

Imprimé en France
FROC021859210120
23239FR00023B/637/P